PERPETUA ET FELICITAS

A LATIN NOVELLA

FABULAE EPICAE, VOL. IV

BRIAN GRONEWOLLER

ILLUSTRATED
BY
MILES CLEVELAND

SIMPLICIANUS
• PRESS •

Published by Simplicianus Press
Peachtree Corners, GA
www.simplicianuspress.com

Library of Congress Control Number: 2023911479

ISBN: 978-1-73-678596-6 (Paperback Edition)

ISBN: 978-1-73-678597-3 (Electronic Book Edition)

First Edition: 2023

Andreae Olympio,

et Danieli Benedicto,

et Triumviratui qui erat

sed non iam est

nam et latina aliquando infans
utique nulla noveram,
et tamen advertendo didici
sine ullo metu atque cruciatu,
inter etiam blandimenta nutricum
et ioca adridentium
et laetitias adludentium.

—Augustinus Hipponensis,
Confessiones I.14.23

For once, when I was a baby,
I had known no Latin words at all.
And yet I learned,
without any fear or torment,
by turning my attention
to the pleasing words of wet-nurses,
the jokes of those who were laughing,
and the joyfulness of those who were playing games.

—Augustine of Hippo,
Confessions I.14.23

Contents

Preface & Acknowledgments

This reimagined novella that you are holding is a labor of love. It was the first novella that I ever began to write and the fourth to finally reach completion. I continued to work on this one through the years, however, because it is one of my favorite early martyrdom accounts and I wanted to introduce my students to Perpetua and Felicity. My hope is that readers of this novella will not only grow in their Latin proficiency but also gain an interest in the lives of these brave young women.

Perpetua and Felicity were probably in their late teens or early twenties when these events took place. They probably lived in Roman North Africa and were martyred around AD 203, possibly in Carthage (near modern-day Tunis, Tunisia). Their narrative is full of friendship, faithfulness, pregnancy (and birth), parental anguish, soldiers, wild beasts, strange visions (which I have left uninterpreted), and more.

Perpetua and Felicity's full story can be found in the late antique text, *The Passion of Saints Perpetua and Felicity* (*Passio Sanctarum Perpetuae et Felicitatis*), hereafter *Passio*. The middle portion of the *Passio*, which contains Perpetua's prison journal, was likely written by Perpetua herself. This would make it either the earliest surviving text or one of the earliest surviving texts written by a Christian woman. Both the introduction and conclusion, however, were written by another hand.

This novella is a reimagining of their martyrdom narrative. As such, I have made many changes to the narrative contained in the *Passio* in order to produce a text that is both comprehensible and compelling to beginning and intermediate readers of Latin. Readers who are familiar with the narrative will recognize many of these. Some of these I made for the sake of making the story more relatable to the lives of my students, such as creating the character of Perpetua's husband and representing her as less confident in the midst of her circumstances than she is in the *Passio*. Other changes were the result of limiting the vocabulary in order to keep the text comprehensible. For example, although I initially included Felicity's reality as a *serva,* I removed it since the limitations of vocabulary necessary to make this text comprehensible to beginning Latin readers did not allow for engagement of this topic with the level of nuance and respect that it deserves. When reading this text with my own students, I have found it effective to pause our Latin conversation and use their native tongue to discuss the harsh realities of Roman slavery and the implications of those realities for Felicity. For those of my readers who are teachers, I would like to suggest this approach. For those of my readers who are reading this novella on their own and are unfamiliar with Roman slavery, I would encourage you to spend some time learning about it either in a Roman history book or in several readily available articles on the internet.

In the spirit of the other volumes in this series, my desire is for this book to be accessible to novice and intermediate readers of Latin. I have thus employed four principles to achieve this goal. First, while I have tried to stay within the bounds of good Latinitas, I have often employed a word order similar to that of modern English in order to make the meaning more readily apparent to the reader. I have also used a moderate amount of repetition in order to provide readers with multiple exposures to a word or phrase while still advancing the plot. Additionally, several of the phrases I have used from the *Passio* itself might strike some experienced readers who are accustomed to earlier Latin as outside of the bounds of good Latinitas.

Second, I have kept most of my sentences short so that beginner-level readers today, like those in ancient Rome, can gain confidence with the language as they prepare to face the complex sentences common to the texts of highly skilled orators such as Cicero and Augustine.

Third, I have sheltered the vocabulary and glossed several words within the text so that beginner-level readers can read without constantly turning to the index. When possible, I have chosen words and phrases from the *Passio* itself. I have not, however, sheltered grammatical elements. Rather, I have employed whatever word or phrase is most communicative and vivid at the moment. The grammar does not, therefore, become more complex as the reader advances.

Fourth, and finally, as mentioned above, I have simplified and changed certain details of the narrative.

For those familiar with my academic publications, this novella was written for a different audience. It is a tool for readers who are growing in their comprehension of Latin. Every aspect of this text has been accommodated to that purpose.

In closing, I would like to thank my 2021–22 Latin III and Latin IV students from Hebron Christian Academy and my 2022–23 Latin III students from Wesleyan School for their helpful feedback on earlier iterations of this novella.

Thank you also to the many qualified readers who offered their time and expertise to this project: Daniel L. Bennett, Maria Giuliana Fenech, Seumas Macdonald, Ana Martin, Andrew Olimpi, Kay Reyes, Mary Zito Smith, and Anne Stock. Their feedback, suggestions, and edits to the manuscript have greatly improved the novella that you are holding. Any errors that remain are my own.

Thank you as well to Miles Cleveland, whose illustrations bring the characters of this novella to life. Miles was a pleasure to work with on this project and I am excited to see where life takes him as he heads to a great college.

Finally, thank you to my amazing family. Your constant love and support bring joy to my life and your patience and encouragement bring projects like this to completion. I love you!

Atlanta
June 2023

How to Use This Book

Individual Readers

Individuals can improve their Latin by reading this book for pleasure at their own pace. Readers can comprehend and enjoy the text on their own by means of the generous number of words and phrases that are glossed throughout the text and the index of all word forms and phrases located in the back matter. This text is best suited for beginning Latin students who have some familiarity with Latin. It was specifically written for readers whose proficiency levels are Intermediate Low or Intermediate Mid as defined in the 2012 ACTFL Proficiency Guidelines.

Grammar and Translation Latin Classes

In grammar and translation Latin classes (e.g., *Wheelock's Latin*) this book can be used in two ways. First, it can be given to students as a supplement to increase their speed and proficiency with Latin. Additionally, the text can be used in the classroom to present students with a variety of forms and grammatical concepts within a limited range of vocabulary. The frequent glosses and exhaustive index will make clear the meaning of grammatical concepts and forms that have not yet been covered in the course curriculum.

Suggested Level: Latin II (second semester) or Latin III

Communicative Latin Classes

This book can be used several different ways in fully and partially communicative Latin classes (e.g., TPRS/CI, *Lingua Latina*, or The Cambridge Latin Course). The following are three uses often employed in such classrooms. First, in classrooms that incorporate Free Voluntary Reading (FVR), several copies can be included in the class library for students to select and read at their own pace. Second, teachers can use various activities to frontload vocabulary before having the students read the text on their own. In this case, students are led through activities that are unrelated to the book but use targeted vocabulary so that students are then prepared to read the next chapter or section of the book with limited reference to L1. Third, teachers can verbally lead the entire class through a chapter or section of the text. In these latter two options creative reading and post-reading activities—such as students performing a chapter as a reader's theater or the class collectively writing a Latin paragraph describing what will happen next in the story—are often used in order to further the process of imprinting the language onto students' minds.

Suggested Level: Latin III or Latin IV

PROLOGUS

carcer tenebrōsus

annō Dominī CCIII[1] erat **carcer.**[2]

carcer erat Carthāginī.

ecce Carthāgō!

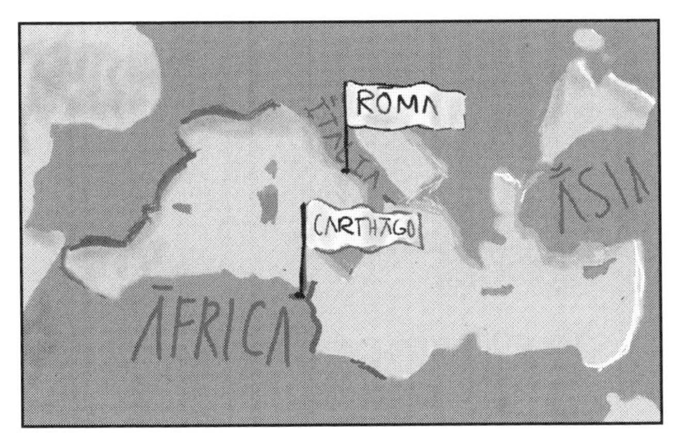

[1] annō Dominī CCIII: *in the year of the Lord 203 (i.e., in AD 203)*

[2] carcer: *prison*

Carthāgō erat magna **urbs**[3] Rōmāna. sed Carthāgō nōn erat in Ītaliā. Carthāgō erat in Āfricā.

carcer, quī erat Carthāginī, **tenebrōsus**[4] erat.

fēmina erat in carcere tenebrōsō. fēmina erat Rōmāna. fēmina Rōmāna erat **vīgintī duo annōrum.**[5] nōmen fēminae Rōmānae erat Perpetua.

ecce Perpetua!

[3] urbs: *city*

[4] tenebrōsus: *dark*

[5] vīgintī duo annōrum: *of twenty-two years (i.e., twenty-two years old)*

hinc ōrdinem nārrāvit
sīcut manū suā scrīptum.[6]

[6] hinc ōrdinem nārrāvit sīcut manū suā scrīptum: *from here she (Perpetua) narrated the order (of events) as written by her own hand.*

The document on which this reimagined novella is based, *Passio Perpetuae et Felicitatis* (*The Passion of Perpetua and Felicity*), hereafter *Passio*, similarly begins with some remarks from an anonymous editor and then transitions to Perpetua's prison journal. The journal is one of the few surviving narratives from the ancient world that was written by a woman. The lines on this page have been simplified from *Passio* II.3: *haec ordinem totum martyrii sui iam hinc ipsa narravit, sicut conscriptum manu sua et suo sensu reliquit.* All quotations of the *Passio* in these footnotes follow Robinson's edition which is in the public domain: J. Armitage Robinson, *The Passion of S. Perpetua: Newly Edited from the Mss. with an Introduction and Notes* (Cambridge: Cambridge University Press, 1891).

CAPITULUM I

timeō

nox[1] erat. in carcere tenebrōsō **eram.**[2] quia carcer erat tenebrōsus, vidēre **nōn poteram.**[3] dormīre quoque nōn poteram. īnfāns meus **tamen**[4] dormīvit.

ego: "Fēlīcitās? Fēlīcitās? ubi es?"

nēmō respondit. "ubi," **inquiī,**[5] "Fēlīcitās est?"

ego dormīre nōn poteram quia timēbam. carcer erat tenebrōsus. quia carcer erat tenebrōsus, vidēre nōn poteram.

---

[1] nox: *night*
[2] eram: *I was*
[3] nōn poteram: *I was not able, I could not*
[4] tamen: *however, yet, nevertheless*
[5] inquiī: *I said*

ego: "Fēlīcitās? Fēlīcitās?"

iterum nēmō respondit. **tunc lacrimāvī**[6] quia timēbam.

subitō fēmina respondit: "salvē, Perpetua. quid est?"

Fēlīcitās īnfantem nōn habuit. praegnāns autem erat.

ego: "Fēlīcitās! tū potes dormīre?"

Fēlīcitās: "dormīre possum. est nox, Perpetua. cūr nōn dormīs?"

ego: "timeō. nox tenebrōsa est."

Fēlīcitās: "est."

silentium erat. tunc "Fēlīcitās," inquiī, "cūr in carcere sumus?"

Fēlīcitās: "nesciō."

---

[6] tunc lacrimāvī: *then I cried*

ego: "mox **marītus**[7] meus **adiuvābit**[8] nōs . . . iam tamen timeō."

Fēlīcitās: "timeō quoque. **ōrēmus.**"[9]

tunc, īnfante dormiente, nōs ōrāvimus.

ego: "**Domine,**[10] nōs timēmus. Domine, adiuvā nōs. adiuvā mē, et Fēlīcitātem, et īnfantem meum."

ego et Fēlīcitās: "āmēn."

in carcere silentium erat sed extrā carcerem aliquis clāmābat.

vir: "cūr tū apprehendistī mē? cūr?"

mīles: **"tacē!"**[11]

[7] marītus: *husband*
[8] adiuvābit: *will help*
[9] ōrēmus: *let's pray*
[10] Domine: o *Lord!*
[11] tacē!: *silence! be quiet!*

mīles **ōstium**[12] carceris aperuit et virum in carcerem iēcit. vir **mīlitī**[13] clāmāvit, "sed cūr? cūr mē apprehendistī?"

mīles **pulsāvit**[14] virum. tunc mīles, iaciēns virum in terram, ex carcere **exiit.**[15]

ego et Fēlīcitās virō clāmāvimus, "Satūre!"

Satūrus: "Perpetua? Fēlīcitās?"

ego: "salvē, Satūre! sed cūr in carcere es?"

Satūrus: "nesciō."

silentium erat.

---

[12] ōstium: *door* (See *Passio* X.1.)
[13] mīlitī: *to the soldier*
[14] pulsāvit: *struck*
[15] exiit (ex + iit): *exited, went out of*

CAPITULUM II

valē īnfāns

post diēs paucōs[1] in carcere **adhūc**[2] erāmus. subitō Fēlīcitās mihi clāmāvit, "Perpetua! Perpetua!"

ego: "quid?"

Fēlīcitās: "īnfāns tuus . . . **aegrōtat.**"[3]

1 post diēs paucōs: *after a few days*
2 adhūc: *still*
3 aegrōtat: *is sick*

ego: "ēheu! **satis cibī**[4] in carcere nōn est."

Fēlīcitās: "satis cibī nōn est. et satis cibī in carcere nōn erit. Perpetua . . . īnfāns tuus mox **moriētur.**"[5]

ego: "sed . . ."

mīles: "PERPETUA!"

4 satis cibī: *enough food*
5 moriētur: *will die*

ego: "Perpetua sum."

mīles: "**sequere**[6] mē!"

mīlitem ex carcere **secūta sum.**[7] extrā carcerem parentēs meōs vīdī.

ego: "pater! māter! salvē–"

pater: "tacē Perpetua!"

ego: "pater? **nōn intellegō.**"[8]

pater: "tacē! volō tē dīcere mīlitī tē nōn esse Chrīstiānam."

ego: "pater . . . tē amō. sed Chrīstiāna sum."

pater: "tacē! dīc mīlitī tē nōn Chrīstiānam esse!"

---

[6] sequere: *follow!*
[7] secūta sum: *I followed*
[8] nōn intellegō: *I don't understand*

Perpetua: "sed **vērum**[9] nōn est! Chrīstiāna sum!"

pater: "TACĒ! FĪLIA BONA NŌN ES!"

silentium erat. pater nōn iterum dīxit. ille mē aspexit. tunc subitō pater īrātus ā carcere **abiit.**[10] sed māter **mēcum**[11] adhūc erat.

māter: "fīlia mea, nōn intellegō. tē tamen amō. et ego īnfantem tuum amō. **quōmodo tē habēs?**[12] quōmodo īnfāns sē habet?"

statim lacrimāvī.

ego: "ō māter! īnfāns meus aegrōtat. in carcere satis cibī nōn est. **volō stāre in fidē."**[13] sed ānxia sum."

māter respondit, "intellegō. fīlia mea, dā mihi īnfantem."

ego: "quid?"

māter: "dā īnfantem mihi, fīlia mea. satis cibī in carcere nōn est. sed satis cibī habeō."

subitō **intellēxī.**[14] volēbam īnfantem

---

[9] vērum: *truth*

[10] abiit (ab + iit): *went away (from)*

[11] mēcum (cum + mē): *with me*

[12] quōmodo tē habēs?: *how are you?*

[13] volō stāre in fidē: *I want to stand in faith* (This phrase follows Perpetua's encouragement to her brother and another catechumen in *Passio* XX.10: *In fide state.* A catechumen was someone who was learning about Christianity as she or he prepared to join the faith.)

[14] intellēxī: *I understood*

meum esse mēcum. sed īnfāns meus aegrōtābat et mox **moriētur.**[15] volēbam īnfantem meum **vīvere.**[16]

statim **ōsculāta sum**[17] īnfantem meum.

ego: "mī īnfāns, tē amō. valē, mī fīlī."

iterum īnfantem ōsculāta sum. tunc, lacrimāns, fīlium meum mātrī meae dedī.

māter mea quoque lacrimāvit. "valē fīlia mea," inquit, "tē amō."

respondī, "valē māter. valē, īnfāns mī."

tunc māter mea cum īnfante abiit.

[15] moriētur: *he will die*
[16] vīvere: *to live*
[17] ōsculāta sum: *I kissed*

CAPITULUM III

vīsiō prīma: dracō et pāstor

noctū[1] in carcere eram. Fēlīcitās et Satūrus mēcum in carcere erant. sed īnfāns nōn mēcum erat. īnfāns cum patre meō et mātre meā erat.

carcer erat tenebrōsus. silentium erat. Fēlīcitās et Satūrus dormiēbant. sed nōn dormiēbam. in silentiō sēdēbam. tunc ōrāvī, "Deus, **obsecrō tē,**[2] adiuvā īnfantem meum et adiuvā mē. volō in fidē stāre."

statim vīsiō **mihi ostēnsa est.**[3]

scāla aurea[4] *mihi ostēnsa est. scāla aurea,*

---

[1] noctū: *at night*

[2] obsecrō tē: *I beg you, please* (I have chosen *obsecrō* because it is used throughout the 1592 edition of the Clementine Vulgate, a Latin translation of the Bible, to make requests of both human beings and God. For example, in Genesis 12:13 Abram uses *obsecrō* while requesting that his wife, Rebekah, tell the Egyptians that she is his sister. This is also attested in AD 7th/8th c. in The Venerable Bede's *Commentary on Genesis.* In Exodus 4:13 Moses uses *obsecrō* when asking God to send someone else to Egypt. This is also attested in AD 4th/5th c. in John Cassian's *On the Incarnation.*)

[3] mihi ostēnsa est: *was shown to me*

[4] scāla aurea: *a golden ladder* (*Passio* IV.3: *scalam aeream* ["copper" or "bronze" ladder]. The variant *aurea* ["golden"] is used here to limit vocabulary as other golden items appear in later visions. Also, although readers of ancient Latin texts usually encounter a plural form of *scala,* it appears only in the singular in *Passio* IV.)

pertingēns usque ad caelum,[5] *mihi ostēnsa est. multī gladiī quoque mihi ostēnsī sunt. multī gladiī erant in* **lateribus**[6] *scālae aureae.*

[5] pertingēns usque ad caelum: *extending all the way up to the sky* (See *Passio* IV.3.)

[6] lateribus: *sides*

tunc dracō mihi ostēnsus est. dracō erat sub scālā aureā. dracō ***mīrae magnitūdinis***[7] *erat.*

dracō aspexit virōs et fēminās ascendentēs scālam auream. dracō volēbat ***mordēre***[8] *virōs et fēminās quī dē scālā aureā* ***cadēbant.***[9] *timēbam* ***nē***[10]

[7] mīrae magnitūdinis: *of astonishing size* (See *Passio* IV.3.)

[8] mordēre: *to bite into, to devour*

[9] cadēbant: *were falling*

[10] nē: *lest, that* (timēbam nē: *I was fearing that, I was afraid that*)

dracōnem mē mordeat! sed volēbam stāre in fidē.

subitō Satūrus mihi ostēnsus est.

Satūrus ad scālam auream ***iit.***[11] *timuī nē dracō Satūrum mordeat. "Satūre! ecce! dracō," inquiī, "sub scālā est! dracō vult mordēre tē!"*

sed Satūrus mē nōn audīvit. Satūrus scālam auream ascendit.

dracō aspexit Satūrum ascendentem scālam. dracō voluit mordēre Satūrum. Satūrus tamen dē scālā aureā ***nōn cecidit.***[12] *et gladiī* ***nōn secuērunt***[13] *Satūrum. Satūrus usque ad caput scālae aureae ascendit. tunc Satūrus in caelō erat.*

Satūrus, aspiciēns mē, "Perpetua," inquit, "ascende scālam! ascende scālam ***sīcut***[14] *ego, sed vidē nē dracō tē mordeat."*

dracōnem aspexī. subitō dracō ***rugīvit.***[15]

ego: "Satūre! volō ascendere scālam . . . sed timeō nē dracō mē mordeat!"

---

[11] iit: *went*
[12] nōn cecidit: *did not fall*
[13] nōn secuērunt: *did not cut*
[14] sīcut: *as, like*
[15] rugīvit: *roared*

Satūrus: "Perpetua, nōlī timēre dracōnem! stā in fidē! ascende scālam!"

tunc ego ad scālam iī. dracō mē aspexit. subitō dracō iterum rugīvit.

ego: "timeō dracōnem, Satūre! timeō nē dracō mē mordeat!"

Satūrus: "nōlī aspicere dracōnem, Perpetua! aspice scālam auream! aspice caelum! aspice mē!"

Satūrum aspexī.

ego: "in nōmine Iēsū Chrīstī, dracō nōn mordēbit mē."[16]

tunc ego scālam ascendī. ***diū***[17] *dracō, volēns mordēre mē, rugiēbat. diū scālam auream ascendī.*

---

[16] The phrasing here is simplified from *Passio* IV.6: *et dixi ego: "Non me nocebit, in nomine Iesu Christi."*

[17] diū: *for a long time*

tandem[18] *in caelō* ***stetī.***[19]

ego: "Satūre? ubi es?"

Satūrus tamen nōn respondit.

in ***hortō***[20] *mīrae magnitūdinis stetī. ānxia eram quia Satūrus nōn erat in hortō mīrae magnitūdinis.*

ego: "Satūre!?!? ubi es!?!?"

tunc ***pāstōrem***[21] *vīdī. pāstor in mediō hortō sēdit. circum pāstōrem multae ovēs erant. pāstor ovēs* ***mulgēbat.***[22] *ille ovēs mulgēbat ut* ***cāseum***[23]

faceret. et multī virī et fēminae circum pāstōrem stetērunt. ***candidātī***[24] *erant.* ***mīlia multa***[25]

[18] tandem: *finally*
[19] stetī: *I stood*
[20] hortō: *garden*
[21] pāstōrem: *shepherd*
[22] mulgēbat: *was milking*
[23] cāseum: *cheese*
[24] candidātī: *dressed in white*
[25] mīlia multa: *many thousands* (See *Passio* IV.8.)

candidātī circum pāstōrem stetērunt.

subitō pāstor mē aspexit.

pāstor: "salvē, ***teknon.***[26] *dracō tē momordit?"*

ego: "dracō mē nōn momordit."

pāstor: "gladiī tē secuērunt?"

ego: "gladiī mē nōn secuērunt."

pāstor: "tū scālam auream bene ascendistī!"

tunc cāseus mihi ***ā pāstōre***[27] *ostēnsus est.*

pāstor: "diū scālam ascendistī. vīsne cāseum?"

ego: "cāseum volō."

---

[26] teknon: *child* (This is a Greek word, τέκνον, transliterated into Latin as *teknon* or *tegnon*. The shepherd addresses Perpetua in this way in *Passio* IV.9: *Bene venisti, tegnon.*)

[27] ā pāstōre: *by the shepherd*

tunc pāstor cāseum mihi dedit.

cāseum ***sustulī et mandūcāvī.***[28]

tunc omnēs candidātī dīxērunt, "āmēn."

subitō in carcere tenebrōsō eram. in carcere adhūc mandūcābam **dulce . . . nescio quid.**[29]

---

[28] sustulī et mandūcāvī: *I raised and chewed*

[29] dulce . . . nescio quid: *something sweet . . . I don't know what.* (See *Passio* IV.10: *dulcis nescio quid.*)

CAPITULUM IV

marītus meus

post diēs paucōs ego cum Fēlīcitāte et Satūrō secūta sum mīlitem in **forum.**[1] multī mīlitēs in forō erant. magna **turba**[2] quoque in forō erat ut nōs aspiceret. **catasta**[3] quoque erat. nōs mīlitēs in catastam secūtī sumus. turba nōs clāmāvit et **dērīsit.**[4]

Fēlīcitās turbam timēbat. "cūr turba," inquit, "in forō est?" Satūrus, timēns quoque turbam, respondit, "nesciō. et cūr turba nōs

---

[1] forum: *forum, marketplace*

[2] turba: *crowd*

[3] catasta: *a raised platform* (See *Passio* V.6 and VI.2. A *catasta* was a raised platform in a public place used for selling slaves, delivering public lectures, etc.)

[4] dērīsit: *laughed at*

dērīdet?"

subitō vīdī patrem meum. "pater!" inquiī, "pater! adiuvā nōs!" pater lacrimābat. "Perpetua, mea fīlia," ille mihi inquit, "tē amō. **miserēre meī!**[5] miserēre īnfantis tuī!"

statim īnfāns meus mihi ā patre ostēnsus est. "mea fīlia," inquit, "miserēre īnfantis tuī!"

ego respondī, "quid? pater, nōn intellegō!"

"mea fīlia," pater meus inquit, "**fac sacrum!**[6] miserēre īnfantis tuī **meīque**[7] et fac sacrum!"

"sacrum? pater," inquiī, "nōn intellegō!"

subitō mīles clāmāvit, "tacēte!"

---

[5] miserere meī: *have mercy on me!*
[6] fac sacrum: *make a sacrifice!*
[7] -que = et (meīque: *and me*)

turba **nōn iam**[8] clāmāvit. turba nōn iam nōs dērīsit. longum silentium erat in forō.

tunc **prōcūrātor**[9] in forum vēnit. et alter vir prōcūrātōrem in forum secūtus est. alterum virum aspexī.

subito ego alterī virō clāmāvī, "Cassī! Cassī! **mī marīte!**[10] adiuvā mē! Cassī!"

Cassius autem mihi nōn respondit.

[8] nōn iam: *no longer*

[9] prōcūrātor: *procurator* (The *procurator* was a government official who was over the financial affairs of a province. Capital cases, such as this one, would have usually been handled by the *proconsul,* who was the provincial governor. So it was unusual that Hilarianus, the *procurator,* was handling this case. *Passio* VI.3 gives the reason for this unusual circumstance: the *proconsul,* Minucius Timinianus, had recently died. The Greek translation of *Passio* VI.3 records the name of the *proconsul* as Μινούκιος Ὀππιανός [Minucius Oppianus].)

[10] mī marīte!: *my husband!*

Cassius prōcūrātōrem aspexit. tunc turbam aspexit. sed Cassius mē nōn aspexit.

ego: "Cassī! mī marīte! aspice mē!"

tunc prōcūrātor Cassium aspexit.

ego: "Cassī! aspice mē!"

omnēs Cassium aspexērunt. tandem marītus meus mē aspexit.

ego: "Cassī! adiuvā mē!"

tunc Cassius mihi clāmāvit, "tacē, fēmina mala! tacē! marītus tuus nōn iam sum!"

statim turba clāmāvit. Cassius me nōn iam aspexit. turba mē iterum dērīsit. cōnfūsa eram.

CAPITULUM V

prōcūrātor

"nōn intellegō," inquiī Fēlīcitātī et Satūrō, "cūr marītus meus clāmā-"

tunc mīles iterum clāmāvit, "tacēte!"

silentium in forō iterum erat. turba Cassium et mē in silentiō aspexit.

prōcūrātor: "bene factum, Cassī."

diū prōcūrātor mē aspexit. tunc prōcūrātor ad mē vēnit. "salvē," inquit, "Hilariānus sum. estne nōmen tibi Perpetua?"

"salvē," inquiī, "Perpetua sum."

"Perpetua," inquit, "aspice patrem et īnfantem tuum."

patrem meum aspexī. tunc īnfantem meum aspexī.

"bene factum, Perpetua," Hilariānus mihi inquit, "iam miserēre patris tuī et īnfantis tuī."

cōnfūsa respondī Hilariānō prōcūrātōrī, "quid? nōn intellegō."

"Perpetua," mihi inquit, "miserēre patris et īnfantis. fac sacrum **prō salūte imperātōrum!"**[1]

cōnfūsa eram. subitō lacrimāvī.

"Perpetua," inquit, "amāsne patrem tuum?"

ego: "patrem meum amō."

Hilariānus: "et bona fīlia Rōmāna es?"

ego: "sum."

Hilariānus: "bene dictum. Perpetua, bonae fīliae Rōmānae sacrum faciunt?"

ego: "faciunt."

---

[1] prō salūte imperātōrum: *for the health of the emperors* (When the Latin manuscript tradition speaks of the birthday of the emperor, mentioned later in this chapter, it names Publius Septimius Geta [AD 189-211]. Geta and his brother, Caracalla [188-217], ruled alongside their father, Septimius Severus [145-211], from 198-211. This might explain why, in *Passio* VI.3, the procurator asks Perpetua to sacrifice for the health of the emperors [*fac sacrum pro salute imperatorum*] rather than a single emperor. Caracalla had Geta assassinated after the death of their father in 211.)

Hilariānus: "cūr, Perpetua? cūr bonae fīliae Rōmānae sacrum faciunt?"

ego: **"... ex pietāte."**[2]

Hilariānus: "bene dictum. et ..."

ego: "... et ut deī populum Rōmānum adiuvent."

Hilariānus: "bene dictum, Perpetua! **oportet**[3] bonās fīliās facere sacrum. oportet **itaque**[4] tē facere sacrum."

lacrimāns nōn respondī. cōnfūsa eram et timēbat. sed volēbat stāre in fidēm.

Hilariānus: "Perpetua, miserēre patris et īnfantis tuī. fac sacrum prō salūte imperātōrum. nunc, Perpetua, fac sacrum."

ego: "**nōlō**[5] facere sacrum."

Hilariānus: "bona fīlia Rōmāna nōn es?"

ego: "bona fīlia Rōmāna sum. populum Rōmānum amō. sed ..."

Hilariānus: "sed?"

ego: "sed Chrīstiāna sum."

---

[2] ex pietāte: *out of devotion (to the gods, community, and family)*

[3] oportet: *it is proper, it is necessary*

[4] itaque: *therefore*

[5] nōlō (nōn + vōlō): *I do not want*

Hilariānus prōcūrātor **factus est**[6] īrātus. ille Cassium aspexit. tunc, aspiciēns mē, clāmāvit, "fac sacrum prō salūte imperātōrum!"

"sacrum," inquiī, "nōn faciam."

diū Hilariānus mē aspexit. tunc, aspiciēns mē, mīlitibus clāmāvit, "apprehendite patrem!"

statim mīlitēs in turbam iērunt. patrem meum apprehendērunt et ante mē iēcērunt.

pater meus cōnfūsus et ānxius clāmāvit, "ego sacrum faciam! bonus vir Rōmānus sum! deī Rōmānī sunt deī meī!"

tunc, "sī tū sacrum nōn faciēs," Hilariānus mihi inquit, "mīlitēs **pulsābunt**[7] patrem tuum!"

---

[6] factus est: *became*

[7] pulsābunt: *they will strike*

respondī, "minimē! obsecrō tē! nōlī pulsāre patrem meum! bonus vir Rōmānus est!"

subitō Hilariānus mihi clāmāvit, "FAC SACRUM PRŌ SALŪTE IMPERĀTŌRUM!"

cōnfūsa et ānxia lacrimāvī. tunc "sacrum nōn faciam," inquiī, "quia Chrīstiāna sum. patrem meum amō sed ūnus Deus est. **sōlī Deō glōria.**"[8]

statim Hilariānus mīlitibus clāmāvit, "MĪLITĒS! PULSĀTE PATREM!"

pater meus ā mīlitibus **pulsātus est.**[9] turba clāmāvit. Hilariānus mē et patrem dērīsit. Cassius quoque nōs dērīsit. diū pater meus ā mīlitibus pulsātus est.

[8] sōlī Deō glōria: *glory to God alone*
[9] pulsātus est: *was struck*

tandem Hilariānus prōcūrātor manum suam **sustulit.**[10] statim silentium in forō erat. ille mē, Fēlīcitātem, Satūrumque aspexit.

"damnō vōs ad bēstiās,"[11] nōbīs inquit, "mox diēs nātālis imperātōris erit. mox bēstiae vōs **occīdent.**[12] mox bēstiae vōs occīdent quia Chrīstiānī estis. Deus tuus **adiuvet**[13] vōs! hahahae!"

tunc turba clāmāvit et nōs dērīsit. et Cassius mihi clāmāvit, "valē, uxor mala! valē! hahahae!"

posteā[14] ego, Fēlīcitās, Satūrusque mīlitēs in carcerem secūtī sumus. diū nēmō dīxit. Satūrus lacrimāvit. Fēlīcitās et ego in silentiō sēdimus.

---

[10] sustulit: *raised*

[11] damnō vōs ad bēstiās: *I condemn you (pl.) to the beasts*

[12] occīdent: *they will kill*

[13] adiuvet: *let (your God) help (you)*

[14] posteā: *after this, afterward*

CAPITULUM VI

vīsiō secunda: Dīnocratēs, pars I

post diēs paucōs in carcere adhūc erāmus. timēbāmus tamen volēbāmus in fidē stāre. itaque ōrābāmus.

"Domine," Fēlīcitās inquit, "obsecrō tē, adiuvā nōs et familiam meam."

"et," Satūrus inquit, "familiam meam."

"et," inquiī, "patrem meum et mātrem meam et īnfantem meum . . . et Dīnocratēn."

subitō vīsiō mihi ostēnsa est.

locus tenebrōsus[1] *mihi ostēnsus est.*

---

[1] locus tenebrōsus: *a dark place*

multī virī et fēminae et puerī et puellae erant in locō tenebrōsō. omnēs in locō tenebrōsō erant ***aestuantēs.***[2] *aestuantēs itaque volēbant aquam. sed ēheu! sine aquā erant!*

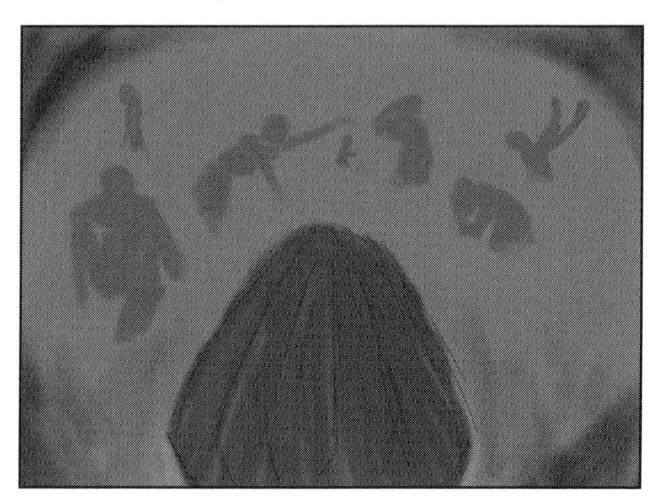

subitō puer dē locō tenebrōsō ***exiit.***[3] *Dīnocratēs erat! Dīnocratēs dē locō tenebrōsō exiit!*

(cōnfūsa eram quia Dīnocratēs ***fuerat***[4] *frāter meus. sed Dīnocratēs iam erat mortuus. ille tamen in vīsiōne mihi ostēnsus est!* ***cum*** *Dīnocratēs* ***morerētur,***[5] *puer erat. in vīsiōne ille quoque erat puer. cum ille morerētur, septem annōrum fuerat. in vīsiōne quoque septem annōrum erat. cum*

---

[2] aestuantēs: *hot* (See *Passio* VII.4.)

[3] exiit (ex + iit): *he came out* (See *Passio* VII.4: *exeuntem de loco tenebroso.*)

[4] fuerat: *had been*

[5] cum . . . morerētur: *when . . . (he) died* (This phrasing is a simplified rendering of *Passio* VII.4: *et vulnus in facie eius, quod cum moreretur habuit.*)

morerētur, ***vulnus in faciē***[6] *habuerat. in vīsiōne vulnus in faciē quoque habuit.)*

vestēs Dīnocratis erant sordidae[7] *et Dīnocratēs aestuāns aquam volēbat. sed ēheu! frāter meus sine aquā erat!*

voluī adiuvāre Dīnocratēn. sed ***magnum diastēma***[8] *erat inter mē et illum. ego frātrī meō clāmāvī, "Dīnocratē! Dīnocratē!" sed ille mē nōn audīvit.*

subitō Dīnocratēs ***piscīnam plēnam aquā***[9] *vīdit. ille ad piscīnam plēnam aquā iit ut* ***biberet.***[10]

---

6 vulnus in faciē: *a wound on (his) face*

7 vestēs Dīnocratis erant sordidae: *the clothes of Dinocrates were filthy*

8 magnum diastēma: *a large space* (The word *diastēma* was brought into Latin from Greek [διάστημα].)

9 piscīnam plēnam aquā: *basin full with water (i.e., a basin full of water)* (See *Passio* VII.7: *piscina plena aqua.*)

10 biberet: *drink*

sed ēheu! piscīna erat **alta!**[11] *sed Dīnocratēs, quī erat puer septem annōrum, nōn altus erat. Dīno-*

cratēs itaque nōn potuit bibere aquam. ille sine aquā prope piscīnam sēdit. tunc ille lacrimāvit.

subitō lacrimāns eram in carcere. Fēlīcitās et Satūrus erant prope mē.

"Perpetua," Satūrus mihi inquit, "cūr lacrimās?"

"vīsiō mihi," inquiī, "ostēnsa est! frāter meus, Dīnocratēs, mihi ostēnsus est! ēheu! horribile est!"

"Perpetua," Fēlīcitās inquit, "quid horribile est?"

"Dīnocratēs," inquiī, "**labōrat.**"[12]

---

[11] alta: *high, tall*
[12] labōrat: *is suffering* (See *Passio* VII.9.)

silentium erat. tunc **prō**[13] Dīnocratē ōrāvimus. diē et nocte prō Dīnocratē ōrāvimus.

[13] prō: *for*

CAPITULUM VII

vīsiō secunda: Dīnocratēs, pars II

post diēs paucōs ego, Fēlīcitās, Satūrusque mīlitēs extrā carcerem secūtī sumus. tunc mīlitēs **nōs in nervō posuērunt.**[1] in nervō prō Dīnocratē iterum ōrāvī. "Domine," inquiī, "obsecrō tē, adiuvā Dīnocratēn!"

subitō vīsiō mihi ostēnsa est.

Dīnocratēs mihi iterum ostēnsus est.

sed Dīnocratēs iam ***gaudēbat!***[2] *ille, quī* ***retrō***[3] *lacrimāverat, gaudēbat! et ubi vulnus in faciē retrō* ***vīderam,***[4] *nōn iam vulnus vīdī!*[5] *et vestēs, quae retrō fuerant sordidae, nōn iam erant sordidae!*

---

[1] nōs in nervō posuērunt: *placed us in stocks*

[2] gaudēbat: *he was happy, he was rejoicing*

[3] retrō: *formerly* (See *Passio* VIII.1–2.)

[4] vīderam: *I had seen*

[5] In *Passio* VIII.1 Perpetua sees a scar (*cicatricem*) where the wound had been. I have not added this word in order to shelter the vocabulary.

Dīnocratēs iterum volēbat bibere aquam. tunc piscīna plēna aquā, quam retrō vīderam, mihi ostēnsa est. piscīna plēna aquā iterum erat prope Dīnocratēn.

sed piscīna, quae retrō fuerat alta, nōn iam erat alta. et prope piscīnam erat ***pōculum aureum***[6]

plēnum aquā. Dīnocratēs aquam dē pōculō aureō bibit.[7] *iterum iterumque Dīnocratēs aquam dē pōculō aureō bibit. pōculum et piscīna tamen adhūc erant plēnī aquā!*

posteā Dīnocratēs ā piscīnā abiit. in locus tenebrōsum autem nōn iit. Dīnocratēs gaudēns ***lūsit.***[8]

subitō in nervō iterum eram. iam autem

---

[6] pōculum aureum: *golden cup* (*Passio* VIII.3 uses the much less common word *fiala*, from the Greek φιάλα.)

[7] See *Passio* VIII.3: *de ea bibere coepit.*

[8] lūsit: *he played (i.e., he played as children do)*

gaudēbam quia intellēxī Dīnocratēn nōn iam esse in locō tenebrōsō. intellēxī Dīnocratēn iam gaudēre. in nervō itaque eram, tandem gaudēbam.

CAPITULUM VIII

Fēlīcitās praegnāns

ante tertium diem mūneris[1] ego, Fēlīcitās, Satūrusque in carcere adhūc erāmus.

Satūrus: "mox in amphitheātrō erimus."

ego: "mox in amphitheātrō erimus cum multīs bēstiīs **ferōcibus.**"[2]

Fēlīcitās: "sed ego nōn erō in amphitheātrō **vōbīscum.**"[3]

Fēlīcitās **facta est**[4] īrāta.

ego: "nōlī īrāscī, Fēlīcitās."

Fēlīcitās īrāta respondit, "sed ego quoque Chrīstiāna sum! volō esse vōbīscum in amphitheātrō!"

Satūrus: "intellegō. sed Rōmānī nōlunt occīdere fēminās praegnantēs . . . et . . ."

[1] ante tertium diem mūneris: *the third day before the public spectacle (i.e., the third day before facing the beasts)* (See *Passio* XV.4.)

[2] ferōcibus: *wild, ferocious*

[3] vōbīscum: *with you (pl.)*

[4] facta est: *became*

Fēlīcitās: ". . . et praegnāns sum. intellegō."

diū Fēlīcitās in silentiō sēdit. tunc, "fortasse," nōbīs inquit, "Deus mē audiet."

"sed Fēlīcitās," inquiī, "tū **novem mēnsium ventrem**[5] nōn habēs. octo mēnsium ventrem habēs."

Fēlīcitās respondit, "intellegō. sed fortasse Deus mē adiuvābit."

"Fēlīcitās," Satūrus inquit, "iterum iterumque prō tē ōrāvimus. fortasse Deus nōn vult tē **itūram esse**[6] in amphitheātrum."

Fēlīcitās nōn respondit.

"fortasse," inquiī, "sed fortasse Deus vult tē nōbīscum in amphitheātrum itūram esse. **ōrēmus.**"[7]

tunc prō Fēlīcitāte ōrāvimus.

statim Fēlīcitās **patiēbātur.**[8] Fēlīcitās patiēns clāmāvit, "AAAAHH!!!!"

ego: "Fēlīcitās, quid est?"

---

[5] novem mēnsium ventrem: *a womb of nine months (i.e., you are not yet nine months pregnant)* (See *Passio* XV.2.)

[6] itūram esse: *will go (i.e., to go)*

[7] ōrēmus: *let's pray*

[8] patiēbātur: *was suffering*

Fēlīcitās: "īnfāns mea! īnfāns mea venit!"

illa patiēns iterum clāmāvit, "AAAAAAAHHH!!!!"

Fēlīcitāte audītā,[9] mīles in carcerem vēnit.

mīles: "quid est? cūr tū clāmās?!?!?"

Fēlīcitās autem patiēbātur et, mīlitem nōn audiēns, iterum clāmāvit, "AAAAAAAHH!!!"

ego mīlitī respondī, "illa clāmat quia īnfāns sua venit!"

tunc mīles Fēlīcitātem dērīsit, "hahahae! clāmās quia īnfāns tua venit? **quid faciēs iacta bēstiīs?**[10] hahahae!"

sed Fēlīcitās nōn timēbat mīlitem. illa respondit, "clāmō quia iam patior! in amphitheātrō autem nōn clāmābō quia nōn patiar. in amphitheātrō alius erit in mē **quī patiētur prō mē**[11] quia ego prō illō **passūra sum."**[12]

mīles cōnfūsus respondit, "quid!?!? īnsāna es! hahahae!"

tunc ille ex carcere exiit.

mox extrā carcerem multī mīlitēs

---

[9] Fēlīcitāte audītā: *with Felicitas having been heard*

[10] quid faciēs iacta bēstiīs?: *what will you do when you have been thrown to the beasts?* (See *Passio* XV.5: *quid facies obiecta bestiis?*)

[11] quī patiētur prō mē: *who will suffer for me* (See *Passio* XV.6.)

[12] passūra sum: *I am about to suffer*

Fēlīcitātem dērīsērunt. Fēlīcitās autem illōs nōn audīvit. et illa nōn iam **passa est**[13] quia īnfantem suam habēbat.

duōs diēs Fēlīcitās īnfantem suam habēbat. tertiō diē autem Fēlīcitās īnfantem suam sorōrī suae dēdit.

[13] passa est: *suffered*

CAPITULUM IX

vīsiō tertia: Aegyptius

ante diem mūneris[1] pater meus in carcerem vēnit.

"ēheu pater," inquiī, "aegrōtāsne?"

pater meus respondit, "tacē, mea fīlia! mea fīlia mala! volō tē sacrum facere statim!"

"sed pater," inquiī, "sum Chrīsti–."

ille īrātus mihi clāmāvit, "TACĒ!!! FAC SACRUM STATIM!!!"

"sacrum nōn faciam, pater," inquiī, "quia Chrīstiāna sum."

subitō pater meus lacrimāns **barbam suam ēvellit**[2] et in terram iēcit. tunc ille in terram cecidit. in terrā lacrimābat. "mea fīlia," inquit lacrimāns, "nōlō bēstiās occīdere tē. fac sacrum . . . **ut vīvās!**"[3]

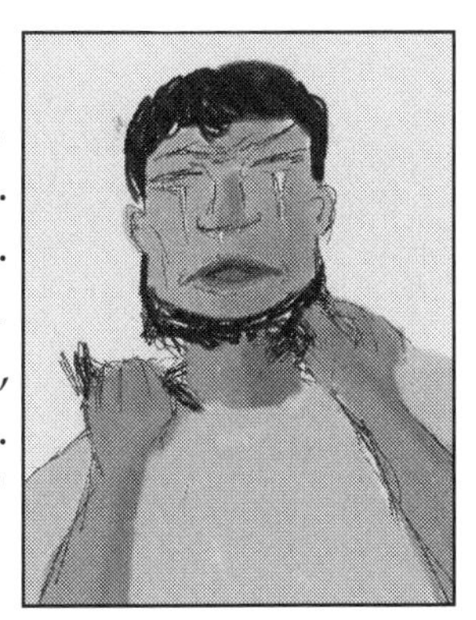

---

[1] ante diem mūneris: *the day before the public spectacle (i.e., the day before facing the beasts in the amphitheater)*

[2] barbam suam ēvellit: *tore out his beard* (This line is a simplified rendering of *Passio* IX.2.)

[3] ut vīvās!: *so that you might live!*

"pater mī," inquiī, "tē amō. sed nōn sacrum faciam."

nōn respondit. tunc ille **surrēxit.**[4] diū mē in silentiō aspexit. tandem ex carcere exiit.

paulō post[5] vīsiō mihi ostēnsa est.

in carcere eram.

subitō aliquis ***ōstium***[6] *carceris pulsāvit. ad ōstium iī. ante ōstium* ***stetī.***[7] *aliquis ōstium iterum pulsāvit. tunc ōstium aperuī. vir candidātus ante mē stetit. "Perpetua," inquit, "salvē!"*

subitō nōn iam timuī. intellegō virum esse Pompōnium diāconum.[8]

respondī, "salvē, Pompōnī!"

"Perpetua," inquit, "tē ***exspectāmus.***[9] *venī!" tunc Pompōnius manum meam* ***tenuit.***[10] *tunc Pompōnius et ego per multa loca iimus.* ***vix***[11]*tan-*

---

4 surrēxit: *rose*

5 paulō post: *soon after, a little later*

6 ōstium: *door*

7 stetī: *I stood*

8 diaconum: *deacon (i.e., the title of a position in Perpetua's Christian community)*

9 exspectāmus: *we are waiting (for)*

10 tenuit: *held* (The preceding lines are simplified renderings of *Passio* X.3.)

11 vix: *with difficulty*

dem ad amphitheātrum vēnimus.[12]

tunc in mediam ***harēnam***[13] *vēnimus.*

Pompōnius mē aspexit. "Perpetua," inquit, "nōlī timēre! stā in fidē! sum tēcum! et ***conlabōrō***[14] *tēcum!" tunc ille abiit.*[15]

stāns in mediā harēnā, populum aspicientem mē vīdī. sed bēstiae nōn erant in harēnā. cōnfūsa eram quia Hilariānus prōcūrātor dīxerat sē ad bēstiās damnāre mē. sed bēstiās in harēnā nōn vīdī.

subitō vir altus et fortis in mediam harēnam

[12] This line and several of the following lines are simplified renderings of *Passio* X.4.

[13] harēnam: *sand (i.e., the sand on the ground in the middle of the amphitheater.)*

[14] conlabōrō: *I work together with (you)*

[15] See *Passio* X.4: *Noli pavere; hic sum tecum, et conlaboro tecum. et abiit.*

vēnit. vir erat ***Aegyptius.***[16] *vestēs Aegyptiī erat sordidae! ille cum* ***adiūtōribus***[17] *contrā mē stetit.*

tunc Aegyptius mihi clāmāvit, "EGO OCCĪDAM TĒ!!!"

nōn respondī. in silentiō illum aspexī.

tunc Aegyptius et adiūtōrēs suī mē dērīsērunt, "HAHAHAE!!!"

subitō adiūtōrēs meī erant prope mē. et nūda eram. sed fēmina nōn iam eram! vir iam eram! tunc adiūtōrēs ***mē oleō dēfricuērunt.***[18] *sed*

---

[16] Aegyptius: *Egyptian* (In the Christian tradition, Egypt can symbolize the slavery of the people of God under the Pharaohs around the time of Moses. This might explain why the vision of Perpetua, who is herself North African, includes an Egyptian antagonist.)

[17] adiūtōribus: *helpers*

[18] mē oleō dēfricuērunt: *rubbed me down with oil, put oil all over my body* (Oil would often be rubbed onto the bodies of ancient athletes before training and competition.)

adiūtōrēs Aegyptiī oleō nōn illum dē-fricuērunt . . . quia Aegyptius in terrā ***sē volūtābat.***[19] *vestēs Aegyptiī itaque erant sordidissimae.*

posteā vir mīrae magnitūdinis in amphi-theātrum vēnit. vir erat altior quam amphi-theātrum! ille vestēs purpureās et ***caligulās aureās et argenteās***[20] *habuit. et in manū virī erat* ***rāmus viridis in quō erant māla aurea.***[21] *vir*

---

[19] sē volūtābat: *he was rolling himself (i.e., he was rolling around in the sand)* (See *Passio* X.7: *in afa volutantem.*)

[20] caligulās aureās et argenteās: *small golden and silver military boots* (This description is simplified from *Passio* X.8: *galliculas multiformes ex auro et argento factas.* The term *gallicula* is probably a variant of the word *caligula,* which was the nickname given to Gaius Caesar Augustus Germanicus. Caligula, who ruled from AD 37–41, was the third emperor of Rome.)

[21] rāmus viridis in quō erant māla aurea: *a green branch on which were golden apples* (See *Passio* X.8.)

erat sīcut ***lanista.***[22]

silentium in amphitheātrō erat. omnēs virum mīrae magnitūdinis aspexērunt.

subitō vir clāmāvit, "sī Aegyptius Perpetuam ***vīcerit,***[23] *occīdet illam gladiō! sī autem Perpetua Aegyptium vīcerit,* ***accipiet rāmum!"***[24]

tunc populus in silentiō mē et Aegyptium aspexit.

subitō Aegyptius mihi clāmāvit, "OCCĪDAM TĒ!!! HAHAHAE!!!"

statim cum Aegyptiō ***pugnābam.***[25] *Aegyptius volēbat apprehendere* ***pedēs***[26] *meōs. nōn autem*

---

[22] lanista: *a trainer of gladiators*

[23] vīcerit: *will have won, will have conquered (her)*

[24] accipiet rāmum: *she will receive this branch* (This sentence is a simplified rendering of *Passio* X.9: *Hic Aegyptius, si hanc vicerit, occidet illam gladio; et, si hunc vicerit, accipiet ramum istum.*)

[25] pugnābam: *I was fighting*

[26] pedēs: *feet*

potuit apprehendere pedēs meōs quia ***calcibus meīs faciem pulsāvī.***[27] *iterum iterumque faciem Aegyptiī calcibus meīs pulsāvī. mox multa vulnera erant in faciē Aegyptiī.*

terram nōn iam ***calcāvī.***[28] *dē caelō iterum iterumque faciem Aegyptiī calcibus meīs pulsāvī.*

tunc, apprehendēns caput Aegyptiī, illō clāmāvī, "NŌN OCCĪDĒS MĒ!!!" Aegyptius autem respondēre nōn potuit. ille in faciem cecidit. tunc Aegyptium calcāvī. caput Aegyptiī calcāvī.

tunc populus clāmāvit et adiūtōrēs meī ***psallērunt.***[29] *ad virum mīrae magnitūdinis iī et rāmum accēpī. ille mē ōsculātus est. "fīlia," inquit,*

---

[27] calcibus meīs faciem pulsāvī: *with my heels I struck (his) face* (This line is a simplified rendering of *Passio* X.10: *ego autem illi calcibus faciem caedebam.*)

[28] calcāvī: *I trod upon (i.e., I trampled with my heels)*

[29] psallērunt: *sang Psalms (i.e., sang songs from the Book of Psalms, a book in the Christian Scriptures)* (See *Passio* X.12.)

*"**pāx**[30] tēcum."[31] tunc cum glōriā ad **Portam Sanavivāriam**[32] iī.*

subitō in carcere eram. et intellēxī mē nōn ad bēstiās sed **contrā diabolum esse pugnātūram.**[33]

---

[30] pāx: *peace*

[31] The description in this sentence and the next are simplified versions of the description in *Passio* X.13: *et osculatus est me, et dixit mihi: "Filia, pax tecum." et coepi ire cum gloria ad Portam Sanavivariam.*

[32] Portam Sanavivāriam: *"The Gate of Life"* (Roman amphitheaters had two gates. The first was The Gate of Life [*Porta Sanavivaria*], through which victorious gladiators would leave. Gladiators whose lives were spared would also leave through this gate. The second gate was The Gate of Death [*Porta Libitinensis*], through which the bodies of dead gladiators would be taken before they were ritually buried elsewhere.)

[33] contrā diabolum esse pugnātūram: *I was about to fight against the devil* (See *Passio* X.14.)

Perpetua nōn scrīpsit **plūra**[34] verba quia
proximō[35] diē in amphitheātrum
iit. **hinc**[36] aliquis ōrdinem
nārrāvit.

---

[34] plūra: *more*
[35] proximō: *next*
[36] hinc: *from here, from this place*

CAPITULUM X

rēticula

proximō diē Perpetua, Fēlīcitās, Satūrusque secūtī sunt mīlitēs per **viās**[1] Carthāginis. mox ad amphitheātrum vēnērunt.

tunc Satūrus mīlitem secūtus est. Perpetua Fēlīcitāsque autem prope amphitheātrum aliōs mīlitēs secūtae sunt. Satūrus cum fēminīs nōn iam erat.

mīles alter clāmāvit fēminīs, **"exuite vestēs!"**[2]

Perpetua respondit, "quid?!?"

Fēlīcitās respondit, "minimē! nōlō exuere vestēs!"

mīles clāmāvit illīs, "exuite vestēs iam!!!"

---

[1] viās: *roads*

[2] exuite vestēs!: *take off your clothes!*

"minimē! nōn oportet nōs" Fēlīcitās inquit, "esse nūda in amphitheātrō!"

"minimē! vestēs meās," Perpetua inquit, "nōn exuam!"

fēminae in silentiō stetērunt. tunc mīles clāmāvit mīlitibus aliīs, "nunc!" subitō aliī mīlitēs vestēs Perpetuae Fēlīcitātisque cēpērunt. nūdae erant et mīlitēs illōs dērīsērunt.

Perpetua et Fēlīcitās autem nōn timuērunt mīlitēs. "esse nūdae in amphitheātrō," Perpetua iterum inquit, "nōn oportet nōs!"

posteā mīlitēs duo rēticula gerenda ad fēminās iēcērunt.

"ecce!" mīles inquit, "vestēs sunt."

Fēlīcitās respondit, "nōn vestēs sūn–"

subitō mīlitēs fēminās pulsāvērunt. Perpetua Fēlīcitāsque autem in silentiō stetērunt. tunc mīlitēs rēticula in fēminīs posuērunt. tunc Perpetua Fēlīcitāsque, gerentēs rēticula,

mīlitēs in mediam harēnam secūtae sunt.[3]

in amphitheātrō populus clāmāvit. subitō populus autem, aspiciēns fēminās, nōn iam clāmāvit.

vir Rōmānus clāmāvit omnibus, "ecce! fēmina parva est!"

fēmina Rōmāna quoque clāmāvit, "ecce! altera fēmina **īnfantem recente peperit!**"[4]

posteā vir Rōmānus alter clāmāvit omnibus, "ecce! fēminae nōn gerent vestēs! rēticula gerent. prō pudor! rēticula nōn sunt vestēs!!!"

aspiciēns duās fēminās nūdās, populus īrātus **factus est.**[5] statim populus clāmāvit mīlitibus, "prō pudor, mīlitēs! prō pudor! cūr vōs cēpistis vestēs fēminārum!?!? oportet fēminās gerere vestēs!" mīlitēs, audientēs populum clāmantem, **ānxiī** factī sunt. iterum iterumque populus clāmāvit, "prō pudor! prō pudor!"

tunc mīles **ānxius** clāmāvit fēminīs, "Perpetua! Fēlīcitās! sequiminī nōs!" statim Perpetua Fēlīcitāsque mīlitēs in Portam Sanavivāriam secūtae sunt.

in Portā Sanavivāriā, mīlitēs **tunicās gerendās**[6] fēminīs dedērunt.

---

[3] *Passio* 18.1: *processerunt de carcere in amphitheatrum.*

[4] recente peperit: *recently gave birth (to a baby)*

[5] factus est: *became, was made*

[6] tunicās gerendās: *tunics (undergarments) for wearing*

CAPITULUM XI

vacca ferōcissima

paulō post Perpetua Fēlīcitāsque, nōn iam nūdae, mīlitēs in mediam harēnam iterum secūtae sunt.

tunicīs vīsīs, populus nōn iam erat īrātus. populus iam voluit Perpetuam Fēlīcitātemque **occīdī.**[1] populus fēminās dērīsit, "hahahae!"

subitō fēminae **vaccam**[2] aspexērunt. vacca nōn erat ōrdināria. vacca erat magna et **ferōcissima.**[3]

vacca ferōcissima in harēnā stetit. Perpetua Fēlīcitāsque, aspicientēs vaccam ferōcissimam, quoque stetērunt.

ferōcissima vacca Perpetuam Fēlīcitātemque aspexit. subitō vacca ferōcissima ad fēminās **cucurrit.**[4] Perpetua Fēlīcitāsque tamen stetērunt.

Fēlīcitās: "**sōlī Deō glōria!**"[5]

---

[1] occīdī: *to be struck down, to be killed*
[2] vaccam: *a (female) cow*
[3] ferōcissima: *very ferocious*
[4] cucurrit: *ran*
[5] sōlī Deō glōria!: *glory to God alone!*

Perpetua: "bene dictum. sōlī De–"

subitō fēminae **ā vaccā iactae sunt.**[6]

breve tempus[7] Perpetua erat in caelō. tunc illa in terram cecidit.

populus clāmāvit. breve tempus Perpetua in terrā **iacēbat.**[8] iterum iterumque populus gaudēns clāmāvit.

post breve tempus Perpetua in terrā sēdit. tunica Perpetuae **ā latere discissa est.**[9] quia tunica ā latere discissa est, **pars**[10] corporis Perpetuae erat nūda. populus clāmāvit et illam dērīsit. Perpetua autem nōn respondit. illa

[6] ā vaccā iactae sunt: *were thrown by the cow*
[7] breve tempus: *for a brief time*
[8] iacēbat: *was lying*
[9] ā latere discissa est: *was torn from (her) side*
[10] pars: *part*

tunicam discissam in partem corporis nūdam **redūxit.**[11]

tunc Perpetua surrēxit et clāmāvit, "Fēlīcitās, ubi est vacca?" populus maximē clāmāvit. Perpetua iterum clāmāvit, "Fēlīcitās?" Fēlīcitās autem nōn respondit.

tunc Perpetua Fēlīcitātem in terrā iacentem aspexit. Fēlīcitās quoque ā vaccā ferōcissimā iacta erat. Perpetua clāmāvit, "Fēlīcitās!" breve tempus Fēlīcitās nōn respondēbat. mox autem illa surrēxit.

"mortua," Fēlīcitās inquit, "nōn sum." tunc Perpetua Fēlīcitāsque mīlitēs in Portam Sanavivāriam secūtae sunt. fēminae Satūrum

---

[11] redūxit: *restored (i.e., restored it to cover the part of her body that had been exposed)*

sedentem[12] in Porta Sanavivāria aspexērunt. tunc illae prope Satūrum sēdērunt et ōrāvērunt.

---

[12] sedentem: *sitting*

CAPITULUM XII

leopardus

paulō post Perpetua, Fēlīcitās, Satūrusque mīlitēs in harēnam secūtī sunt. populus in amphitheātrō, aspiciēns Chrīstiānōs, maximē clāmāvit. multae bēstiae erant in harēnā.

Satūrus mīlitēs in mediam harēnam secūtus est. tunc Satūrus Hilariānum prōcūrātōrem sedentem in amphitheātrō aspexit. subitō Satūrus prōcūrātōrī clāmāvit, "Hilariane! tū damnāvistī nōs. sed Deus damnābit tē!" Hilariānus īrātus tamen nōn respondit.

posteā Satūrus bēstiās aspexit. prīmum aspexit aprum.

ecce aper!

Satūrus mīlitēs ad aprum secūtus est ut **occīderētur.**[1]

populus aprō clāmāvit, "occīde! occīde illum!"

aper Satūrum aspexit . . . sed nōluit illum occīdere. subitō aper mīlitem occīdit! populus erat īrātus quia aper Satūrum nōn occīdit.

posteā Satūrus ursum ferōcem aspexit.

ecce ursus ferōx!

Satūrus mīlitēs ad ursum ferōcem secūtus est ut occīderētur. populus ursō clāmāvit, "occīde! occīde illum! occīde et mordē illum!"

ursus ferōx Satūrum aspexit . . . sed nōluit occīdere. ille itaque, nōlēns occīdere Satūrum,

[1] occīderētur: *he would be killed*

nōn iam stetit. ursus ante Satūrum iam sēdit.

populus iam erat īrātissimus quia duae bēstiae Satūrum nōn occīderant.

tandem Satūrus leopardum aspexit.

ecce leopardus!

populus, aspiciēns leopardum, iterum

clāmāvit, "occīde! occīde illum!" statim leopardus ad Satūrum cucurrit ut illum occīderet. Satūrus, aspiciēns leopardum currentem, omnibus clāmāvit, "sōlī Deō glōria!"

tunc leopardus Satūrum momordit.

posteā leopardus abiit.

Satūrus in terrā iacuit. vulnus magnum erat in corpore Satūrī. **sanguis**[2] erat in corpore Satūrī et in terrā. multum sanguinis erat.

populus, aspiciēns sanguinem, clāmāvit, "**salvum et lōtum!**[3] salvum et lōtum!"

prope Satūrum mīles nōmine Pudēns stetit.[4] Satūrus Pudentem mīlitem aspexit.

subitō Satūrus **ānsulam**[5] Pudentis cēpit. Satūrus ānsulam in vulnerī suō posuit ut sanguis in ānsulā **esset.**[6] tunc ille ānsulam Pudentī dedit et "valē Pudēns," inquit, "**mementō fideī meae!**"[7]

posteā Satūrus mortuus est.

---

[2] sanguis: *blood*

[3] salvum et lōtum!: *saved and washed!* (See *Passio* XXI.2.)

[4] The wording of this scene is a simplified rendering of the description in *Passio* XXI.4–5.

[5] ānsulam: *little ring*

[6] esset: *would be*

[7] mementō fideī meae!: *remember my faith!* (See *Passio* XXI.4.)

CAPITULUM XIII

tīrunculus

Satūrō occīsō, populus voluit fēminās occīdī. populus clāmāvit, "occīdite fēminās! occīdite fēminās!"

mox Perpetua Fēlīcitāsque mīlitēs in mediam harēnam iterum secūtae sunt. tunc fēminae ad terram ā mīlitibus **iactae sunt.**[1]

aliī Chrīstiānī quoque erant in mediā harēnā. aliī vīvī erant, aliī mortuī. corpus Satūrī mortuī in mediā harēnā iactum erat.

multa alia corpora mortua quoque in mediā harēnā iacta erant.

populus maximē clāmāvit.

[1] iactae sunt: *they were thrown (by the soldiers)*

Hilariānus prōcūrātor manum suam sustulit. tunc silentium erat in amphitheātrō. Hilariānus clāmāvit, "gladiātōrēs!" statim multī gladiātōrēs ex Portā Sanavivāriā ad Chrīstiānōs cucurrērunt.

mox gladiātōrēs prope Chrīstiānōs stetērunt. gladiātor prope Fēlīcitātem erat vir.

gladiātor prope Perpetuam autem nōn erat vir. **tīrunculus**[2] prope Perpetuam stetit. gladius erat in **dexterā**[3] tīrunculī.

silentium erat in amphitheātrō.

tunc Hilariānus clāmāvit, "gladiātōrēs! occīdite Chrīstiānōs!" statim gladiātōrēs prope Fēlīcitātem et aliōs Chrīstiānōs illōs occīdērunt . . . tīrunculus autem Perpetuam

[2] tīrunculus: *young beginner*
[3] dexterā: *the right hand* (See *Passio* XXI.9.)

nōndum[4] occīdit.

dextera tīrunculī **errābat.**[5]

prōcūrātor, aspiciēns Perpetuam vīventem, clāmāvit, "tīruncule! occīde fēminam iam!" tīrunculus prōcūrātōrem audīvit. dextera tīrunculī tamen adhūc errābat.

prōcūrātor iterum clāmāvit, "tīruncule! sī tū fēminam nōn occīdat, mīles tē occīdat!"

omnēs tīrunculum aspexit.

tunc Perpetua, aspiciēns errantem dexteram tīrunculī, "glōria," inquit, "sōlī Deō."

tunc Perpetua manum **suam**[6] in gladiō tīrunculī posuit.

[4] nōndum: *not yet*

[5] errābat: *was wandering (i.e., was not striking her)*

[6] suam: *her (own)*

tunc Perpetua gladium errantem tīrunculī in **iugulō**[7] suō posuit.[8]

iam populus iterum clāmāvit.

Perpetua: "valēte, pater et māter. vōs amō. valē, īnfāns mī—fīlī mī! tē maximē amō. mox cum Fēlīcitāte iterum **erō.**[9] mox cum Satūrō in caelō iterum erō. mox cum Deō in cael–"

dextera tīrunculī Perpetuam occīdit.

---

[7] iugulō: *throat*

[8] This line is a simplified rendering of the description in *Passio* XXI.9: *errantem dexteram tirunculi gladiatoris ipsa in iugulum suum transtulit.*

[9] erō: *I will be*

Index Vocābulōrum

A[1]

ā: *away from; by*
abiit: *went away (from)*
accēpī: *I received*
accipiet: *s/he will receive*
ad: *to; for*
adhūc: *still*
adiūtōrēs: *helpers*
adiūtōribus: *helpers*
adiuvā: *help!*
adiuvābit: *s/he will help*
adiuvāre: *to help*
adiuvent: *they might help*
adiuvet: *let (him) help!*
aegrōtābat: *s/he was sick*
aegrōtāsne: *are you sick?*
aegrōtat: *s/he is sick*
Aegyptiī: *of the Egyptian*
Aegyptiō: *Egyptian*
Aegyptium: *Egyptian*
Aegyptius: *Egyptian*
aestuāns: *hot; while being hot*
aestuantēs: *hot; those who were hot*
Āfricā: *Africa*
alia: *other*
alii: *other*
aliī: *other* (aliī . . . aliī: *some . . . other)*
aliīs: *other*
aliōs: *other*
aliquis: *someone*
alius: *other; another*
alta: *high; tall*
alter: *another; the other*
altera: *the other*
alterī: *to the other*
alterum: *the other*
altior: *higher; taller*
altus: *high; tall*
amāsne: *do you love?*
āmēn: *amen; so be it*
amō: *I love*
amphitheātrō: *amphitheater*
amphitheātrum: *amphitheater*
annō: *in the year*
annōrum: *of years*
ānsulā: *little ring*
ānsulam: *little ring*
ante: *before; in front of*
ānxia: *anxious; worried*
ānxiī: *anxious; worried*
ānxius: *anxious; worried*
aper: *wild boar*
aperuī: *I opened*
aperuit: *s/he opened*
apprehendēns: *seizing; taking hold of*
apprehendere: *to seize; to take hold of*
apprehendērunt: *they seized; they took hold of*

---

[1] Meanings are listed according to the word's usage in this book. For example, the ablative form *adiūtōribus* is only used in the prepositional phrase *cum adiūtōribus*. Its meaning is thus listed simply as "helpers."

apprehendistī: *you seized; you took hold of*
apprehendite: *seize! take hold of!*
aprō: *to the wild boar*
aprum: *wild boar*
aquā: *water; with water*
aquam: *water*
argenteās: *silver*
ascende: *ascend! climb!*
ascendentem: *ascending; climbing*
ascendentēs: *ascending; climbing*
ascendere: *to ascend; to climb*
ascendī: *I ascended; I climbed*
ascendistī: *you ascended; you climbed*
ascendit: *s/he ascends; s/he climbs*
aspexērunt: *they looked at; they beheld*
aspexī: *I looked at; I beheld*
aspexit: *s/he looked at; s/he beheld*
aspice: *look! behold!*
aspicere: *to look at; to behold*
aspiceret: *s/he might look at; s/he might behold*
aspiciēns: *looking at; beholding*
aspicientem: *looking at; beholding*
aspicientēs: *looking at; beholding*
audiēns: *hearing*
audientēs: *hearing*
audiet: *s/he will hear*
audītā: *with _____ having been heard*
audīvit: *s/he heard*
aurea: *golden*
aureā: *golden*
aureae: *of the golden*
auream: *golden*
aureās: *golden*
aureō: *golden*
aureum: *golden*
autem: *however*

B

barbam: *beard*
bene: *well*
bēstiae: *beasts*
bēstiās: *beasts*
bēstiīs: *beasts; to the beasts*
bibere: *to drink*
biberet: *s/he might drink*
bibit: *s/he drinks*
bona: *good*
bonae: *good*
bonās: *good*
bonus: *good*
breve: *brief*

C

cadēbant: *they were falling*
caelō: *sky*
caelum: *sky*
calcāvī: *I trod upon*
calcibus: *with heels*
caligulās: *military boots*
candidātī: *dressed in white*
candidātus: *dressed in white*

dexteram: *right hand*
diabolum: *devil*
diāconum: *deacon*
diastēma: *space; distance*
dīc: *say! speak!*
dīcere: *to say; to speak*
dictum: *said* (bene dictum: *well said)*
diē: *day*
diem: *day*
diēs: *day*
Dīnocratē: *Dinocrates*
Dīnocratēn: *Dinocrates*
Dīnocratēs: *Dinocrates*
Dīnocratis: *of Dinocrates*
discissa est: *it was torn*
discissam: *torn*
diū: *for a long time*
dīxerat: *s/he had said*
dīxērunt: *they had said*
dīxit: *s/he said*
Domine: *o Lord!*
Dominī: *of the Lord*
dormiēbam: *I was sleeping*
dormiēbant: *they were sleeping*
dormiente: *with _____ sleeping*
dormīre: *to sleep*
dormīs: *you sleep*
dormīvit: *s/he slept*
dracō: *dragon*
dracōnem: *dragon*
duae: *two*
duās: *two*
dulce: *sweet (thing)*
duo: *two*
duōs: *two*

E

ecce: *look! behold!*
ego: *I*
ēheu: *oh no!*
eram: *I was*
erāmus: *we were*
erant: *they were*
erat: *s/he was*
erimus: *we will be*
erit: *s/he will be*
erō: *I will be*
errābat: *s/he was wandering*
errantem: *wandering*
es: *you are*
esse: *to be*
esset: *would be; might be*
est: *s/he is*
estis: *you (pl.) are*
estne: *are you?*
et: *and*
ēvellit: *s/he tore out*
ex: *out of*
exiit: *s/he came out*
exspectāmus: *we are waiting for*
extrā: *outside of*
exuam: *I will take off*
exuere: *to take off*
exuite: *take off!*

F

fac: *make!*
facere: *to make*
faceret: *s/he might make*
faciam: *I will make*
faciē: *face*
faciem: *face*
faciēs: *face*

habet: *s/he has*
habuerat: *s/he had had*
habuit: *s/he had*
harēnā: *sand*
harēnam: *sand*
Hilariane: *Hilarianus!*
Hilariānō: *to Hilarianus*
Hilariānum: *Hilarianus*
Hilariānus: *Hilarianus*
hinc: *from here; from this place*
horribile: *horrible*
hortō: *garden*

I

iacēbat: *s/he was lying*
iacentem: *lying*
iaciēns: *lying*
iacta: *thrown*
iacta erat: *s/he had been thrown*
iacta erant: *they had been thrown*
iactae sunt: *they were thrown*
iactum erat: *it had been thrown*
iacuit: *s/he lay*
iam: *now* (nōn iam: *no longer)*
iēcērunt: *they threw*
iēcit: *s/he threw*
iērunt: *they went*
Iēsū: *of Jesus*
iī: *I went*
iimus: *we went*
iit: *s/he went*
illa: *that one; she*
illae: *those ones; they*
illam: *that one; she*
ille: *that one; he*
illīs: *to those ones; to them*
illō: *to that one; to him*
illōs: *those ones; them*
illum: *that one; him*
imperātōris: *of the emperor*
imperātōrum: *of the emperors*
in: *in; into; on*
īnfāns: *baby*
īnfante: *baby; with the baby*
īnfantem: *baby*
īnfantis: *baby*
inquiī: *I said*
inquit: *s/he said*
īnsāna: *insane; crazy*
intellegō: *I understand*
intellēxī: *I understood*
inter: *between*
īrāscī: *be angry*
īrāta: *angry*
īrātissimus: *very angry*
īrātus: *angry*
Ītaliā: *Italy*
itaque: *and so; therefore*
iterum: *again*
iterumque: *and again*
itūram esse: *will go*
iugulō: *throat*

L

labōrat: *s/he suffers; s/he is suffering*
lacrimābat: *s/he was crying*
lacrimāns: *crying*

lacrimās: *you cry*
lacrimāverat: *s/he had been crying*
lacrimāvī: *I cried*
lacrimāvit: *s/he cried*
lanista: *someone who trains gladiators*
latere: *side*
lateribus: *sides*
leopardum: *leopard*
leopardus: *leopard*
loca: *places; locations*
locō: *place; location*
locus: *place; location*
longum: *long*
lōtum: *washed*
lūsit: *s/he played*

M
magna: *large*
magnum: *large*
mala: *bad; wicked*
māla: *apples*
mandūcābam: *I was chewing*
mandūcāvī: *I chewed*
manū: *hand; by hand*
manum: *hand*
marīte: *husband!*
marītus: *husband*
māter: *mother*
mātre: *mother*
mātrem: *mother*
mātrī: *to a mother*
maximē: *as much as possible*
mē: *me*
mea: *my*
meā: *my*
meae: *to my*
meam: *my*
meās: *my*
mēcum: *with me*
mediā: *middle*
mediam: *middle*
mediō: *middle*
meī: *me; my*
meīque: *and me*
meīs: *with my*
mementō: *remember!*
mēnsium: *of months*
meō: *my; to my*
meōs: *my*
meum: *my*
meus: *my*
mī: *my!*
mihi: *to me; for me*
mīles: *soldier*
mīlia: *thousands*
mīlitem: *soldier*
mīlitēs: *soldiers*
mīlitī: *to the soldier*
mīlitibus: *to the soldiers*
minimē: *no*
mīrae magnitūdinis: *of astonishing size*
miserēre: *have mercy on!*
momordit: *s/he bites into; s/he devours*
mordē: *bite into! devour!*
mordeat: *s/he might bite into; s/he might devour*
mordēbit: *s/he will bite into; s/he will devour*
mordēre: *to bite into; to devour*
morerētur: *s/he died*
moriētur: *s/he will die*

mortua: *dead*
mortuī: *dead*
mortuus: *dead*
mox: *soon*
mulgēbat: *s/he was milking*
multa: *many*
multae: *many*
multī: *many*
multīs: *many*
multum: *many*
mūneris: *of the public spectacle*

N

nārrāvit: *s/he narrated*
nātālis: *birth*
nē: *lest; that not*
nēmō: *no one; nobody*
nervō: *stocks*
nesciō: *I don't know*
nōbīs: *to us; for us*
nōbīscum: *with us*
nocte: *night*
noctū: *at night*
nōlēns: *not wanting*
nōlī: *don't!*
nōlō: *I don't want*
nōluit: *s/he didn't want*
nōlunt: *they don't want*
nōmen: *name*
nōmine: *name; by name*
nōn: *not*
nōn iam: *no longer*
nōndum: *not yet*
nōs: *we; us*
novem: *nine*
nox: *night*
nūda: *nude*
nūdae: *nude*
nūdam: *nude*
nūdās: *nude*
nunc: *now*

O

obsecrō: *I beg; I beseech* (obsecrō tē: *please*)
occīdam: *I will strike down; I will kill*
occīdat: *s/he will strike down; s/he will kill*
occīde: *strike down! kill!*
occīdent: *they will strike down; they will kill*
occīderant: *they had struck down; they had killed*
occīdere: *to strike down; to kill*
occīderet: *s/he might strike down; s/he might kill*
occīderētur: *s/he would be struck down; s/he would be killed*
occīdērunt: *they struck down; they killed*
occīdēs: *you will strike down; you will kill*
occīdet: *s/he will strike down; s/he will kill*
occīdī: *I will strike down; I will kill*
occīdit: *s/he strikes down; s/he kills*
occīdite: *strike down! kill!*
occīsō: *with _____ having been struck down; with _____ having been killed*
octo: *eight*

oleō: *with oil*
omnēs: *all; everyone*
omnibus: *to all; to everyone*
oportet: *it is fitting; it is appropriate; it is necessary*
ōrābāmus: *we were praying*
ōrāvērunt: *they prayed*
ōrāvī: *I prayed*
ōrāvimus: *we prayed*
ōrdināria: *ordinary*
ōrdinem: *order (of events in the story)*
ōrēmus: *let's pray*
ōsculāta sum: *I kissed*
ōsculātus est: *s/he kissed*
ostēnsa est: *it was shown*
ostēnsī sunt: *they were shown*
ostēnsus est: *he/it was shown*
ōstium: *door*
ovēs: *sheep*

P

parentēs: *parents*
pars: *part*
partem: *part*
parva: *small*
passa est: *s/he suffered*
passūra sum: *I am about to suffer*
pāstor: *shepherd*
pāstōre: *by the shepherd*
pāstōrem: *shepherd*
pater: *father*
patiar: *I will suffer*
patiēbātur: *s/he was suffering*
patiēns: *suffering; while suffering*
patiētur: *s/he will suffer*
patior: *I suffer*
patre: *father*
patrem: *father*
patris: *father*
paucōs: *few*
paulō post: *soon after; a little later*
pāx: *peace*
pedēs: *feet*
peperit: *she gave birth to*
per: *through*
Perpetua: *Perpetua*
Perpetuae: *of Perpetua*
Perpetuam: *Perpetua*
pertingēns: *extending*
pietāte: *piety*
piscīna: *basin*
piscīnā: *basin*
piscīnam: *basin*
plēna: *full*
plēnam: *full*
plēnī: *full*
plēnum: *full*
plūra: *more*
pōculō: *cup*
pōculum: *cup*
Pompōnī: *Pomponius*
Pompōnium: *Pomponius*
Pompōnius: *Pomponius*
populum: *the people*
populus: *the people*
Portā Sanavivāriā: *The Gate of Life*

Portam Sanavivāriam: *The Gate of Life*
possum: *I can; I am able to*
post: *after*
posteā: *after this; afterward*
posuērunt: *they can; they are able to*
posuit: *s/he put; s/he placed*
poteram: *I could; I was able to*
potes: *you can; you are able to*
potuit: *s/he could; s/he was able to*
praegnāns: *pregnant*
praegnantēs: *pregnant*
prīma: *first*
prīmum: *first*
prō: *for; on behalf of*
prōcūrātor: *procurator*
prōcūrātōrem: *procurator*
prōcūrātōrī: *to the procurator*
prologus: *prologue*
prope: *near*
proximō: *on the next*
psallērunt: *they sang*
Pudēns: *Pudens*
Pudentem: *Pudens*
Pudentī: *to Pudens*
Pudentis: *of Pudens*
pudor: *shame*
puellae: *girls*
puer: *boy*
puerī: *girls*
pugnābam: *I was fighting*
pugnātūram esse: *I was about to fight*
pulsābunt: *they will strike; they will hit*
pulsāre: *to strike; to hit*
pulsāte: *strike! hit!*
pulsātus est: *s/he was struck; s/he was hit*
pulsāvērunt: *they struck; they hit*
pulsāvī: *I struck; I hit*
pulsāvit: *s/he struck; s/he hit*
purpureās: *purple*

Q

quae: *who; which*
quam: *who; which; than*
quī: *who; which*
quia: *since; because*
quid: *what*
quō: *which*
quōmodo: *how*
quōmodo tē habēs?: *how are you doing?*
quoque: *also*

R

rāmum: *branch*
rāmus: *branch*
recente: *recently*
redūxit: *s/he restored*
respondēbat: *s/he was responding*
respondēre: *to respond*
respondī: *I responded*
respondit: *s/he responded*
rēticula: *fishing nets*
retrō: *formerly*

Rōmāna: *Roman*
Rōmānae: *Roman*
Rōmānī: *Roman*
Rōmānum: *Roman*
Romanus: *Roman*
Rōmānus: *Roman*
rugiēbat: *it was roaring*
rugīvit: *it roared*

S

sacrum: *sacrifice*
salūte: *health*
salvē: *hello*
salvum: *saved*
sanguinem: *blood*
sanguinis: *of blood*
sanguis: *blood*
satis: *enough*
Satūre: *Saturus!*
Satūrī: *of Saturus*
Satūrō: *Saturus; with Saturus*
Satūrum: *Saturus*
Satūrumque: *and Saturus*
Satūrus: *Saturus*
Satūrusque: *and Saturus*
scāla: *ladder*
scālā: *ladder*
scālae: *of the ladder*
scālam: *ladder*
scrīpsit: *s/he wrote*
scrīptum: *written*
sē: *herself/himself*
secuērunt: *they cut*
secunda: *second*
secūta sum: *I followed*
secūtae sunt: *they followed*
secūtī sumus: *we followed*
secūtī sunt: *they followed*
secūtus est: *he followed*
sed: *but*
sēdēbam: *I was sitting*
sedentem: *sitting*
sēdērunt: *they sat*
sēdimus: *we sat*
sēdit: *s/he sat*
septem: *seven*
sequere: *follow!*
sequiminī: *follow!*
sī: *if*
sīcut: *as; just as; like*
silentiō: *silence*
silentium: *silence*
sine: *without*
sōlī: *to _____ alone*
sordidae: *filthy*
sordidissimae: *very filthy*
sorōrī: *to the sister*
stā: *stand!*
stāns: *standing; while standing*
stāre: *to stand*
statim: *immediately; at once*
stetērunt: *they stood*
stetī: *I stood*
stetit: *s/he stood*
suā: *her/his own*
suae: *to her/his own*
suam: *her/his own*
sub: *under*
subitō: *suddenly*
suī: *her/his own*
sum: *I am*
sumus: *we are*
sunt: *they are*
suō: *her/his own*
surrēxit: *s/he rose*

sustulī: *I raised*
sustulit: *s/he raised*

T

tacē: *silence! be silent!*
tacēte: *silence! be silent!*
tamen: *yet; nevertheless; however*
tandem: *finally; at last*
tē: *you*
tēcum: *with you*
teknon: *child*
tempus: *time*
tenebrōsa: *dark*
tenebrōsō: *dark*
tenebrōsum: *dark*
tenebrōsus: *dark*
tenuit: *s/he held*
terrā: *ground*
terram: *ground*
tertia: *third*
tertiō: *on the third*
tertium: *third*
tibi: *to you; for you*
timēbam: *I was fearing; I was afraid*
timēbāmus: *we were fearing; we were afraid*
timēbat: *s/he was fearing; s/he was afraid*
timēmus: *we fear; we are afraid*
timēns: *fearing; being afraid*
timeō: *I fear; I am afraid*
timēre: *to fear; to be afraid*
timuērunt: *they feared; they were afraid*
timuī: *I feared; I was afraid*
tīruncule: *young beginner!*
tīrunculī: *of the young beginner*
tīrunculum: *young beginner*
tīrunculus: *young beginner*
tū: *you*
tua: *your*
tuī: *your*
tunc: *then*
tunica: *tunic; undergarment*
tunicam: *tunic; undergarment*
tunicās: *tunics; undergarments*
tunicīs: *with the tunics*
turba: *crowd*
turbam: *crowd*
tuum: *your*
tuus: *your*

U

ubi: *where*
ūnus: *one*
urbs: *city*
ursō: *to the bear*
ursum: *bear*
ursus: *bear*
usque ad: *all the way up to*
ut: *in order to; so that*
uxor: *wife*

V

vacca: *(female) cow*
vaccā: *(female) cow*
vaccam: *(female) cow*
valē: *goodbye*

About the Author

Brian Gronewoller (PhD, Emory University) teaches historical theology at Candler School of Theology (Emory University) and communicative Latin at Wesleyan School (Peachtree Corners, GA). When he is not frozen in awe of his wife's incredible skills as a pediatric nurse, he can be found working in his woodshop, cheering for the Denver Broncos, or reading Augustine of Hippo. His favorite Latin expression is currently *quidni.*

About the Illustrator

Miles Cleveland grew up in Atlanta, Georgia. He is a recent high school graduate of Wesleyan School (Peachtree Corners, GA) and will be attending Emory University in the Fall of 2023. He loves to participate in trivia, play piano, draw, and write. He also recently tried his hand at acting in a musical and managing a volleyball team. His favorite Latin word is currently *ululatus*.

About the Storybase Books Series

The Storybase Books series is designed to help beginners learn languages by reading. Books in this series use limited vocabulary to tell engaging stories that are accessible to novice and intermediate readers. Meanings for many words are provided in footnotes and a full index of all words, word forms, and phrases is included in each novella. Readers can thus use each book on their own, with others, or with a class.

Fabulae Epicae

Vol. I: *Bellum Troianum*
(*The Trojan War*)

The gods and goddesses of Mount Olympus are enjoying themselves at a party when, suddenly, an apple addressed "to the most beautiful" appears in their midst. The ensuing fight for the apple between Juno, Minerva, and Venus soon spills over to earth and pulls Paris, Helen, Menelaus, Agamemnon, Hector, and Achilles into ten years of war between Greece and Troy.

Total Words: 5500
Unique Words: 270[1]
Base Vocabulary: 151[2]
Level: Latin II (GT[3])
Level: Latin II/III (C[4])

Vol. II: *Errores Longi Ulixis, Pars I*
(*The Long Wanderings of Odysseus, Part I*)

After ten years of war the Greeks have finally conquered Troy and are ready to sail home. Their actions following the victory, however, have angered Neptune and Minerva. And Odysseus (Ulysses), Eurylochus, and Elpenor are about to learn that angry gods and goddesses can turn a brief cruise across the Mediterranean into a long adventure as they wander through unknown lands filled with strange fruit, cannibals, and monsters.

Total Words: 4500
Unique Words: 235
Base Vocabulary: 88
Level: Latin I/II (GT)
Level: Latin I/II (C)

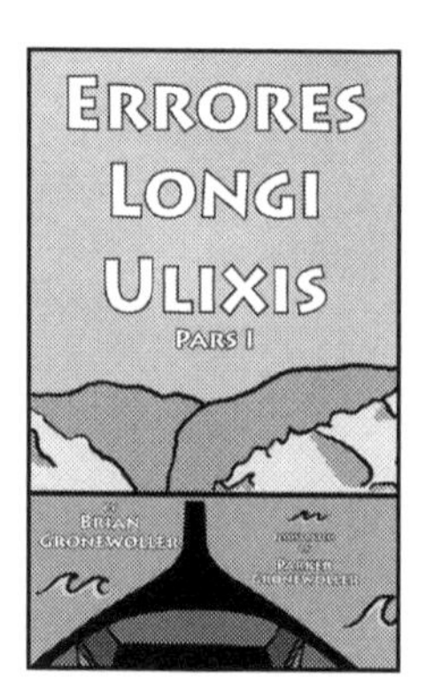

---

[1] Unique Words signifies Total Words less forms of the same word, cognates, and proper nouns.
[2] Base Vocabulary signifies Unique Words less words that are glossed in the text.
[3] Recommended level for classes using grammar and translation methods.
[4] Recommended level for classes using communicative methods.

Vol. III: *Errores Longi Ulixis, Pars II*
(The Long Wanderings of Odysseus, Part II)

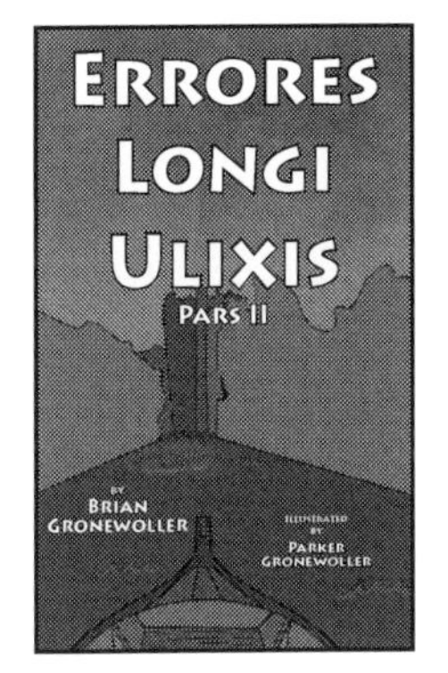

Odysseus (Ulysses) and his companions have been trying to sail home from the Trojan War for more than a year. Angry gods and goddesses, however, have sent them wandering through dangerous and unfamiliar lands. Most of the crew has perished. Only one ship has survived. And a mysterious enchantress has transformed many of the survivors into pigs. Now Odysseus, Eurylochus, and Elpenor must overcome nymphs, ghosts, monsters, the gods, and a trip to the Underworld, if they ever want to see their beloved island of Ithaca again.

Total Words: 4500
Unique Words: 290
Base Vocabulary: 145
Level: Latin I/II (GT)
Level: Latin II (C)

Coming Soon!

Errores Longi Ulixis, Pars III

www.storybasebooks.com

Made in the USA
Monee, IL
13 August 2023